La Colère D'ange

Agnès de Lestrade

est née en 1964 et vit en Gironde. Elle est musicienne, créatrice de jeux de société... Bref, elle aime inventer ! Elle a commencé à écrire à huit ans, justement, pour s'inventer une petite sœur. Depuis, elle ne s'est pas arrêtée – et c'est tant mieux – de raconter des histoires pour la jeunesse, publiées par de nombreux éditeurs (Le Rouergue, Milan, L'École des Loisirs, L'Atelier du poisson soluble...).

Tatiana Domas

a toujours eu un crayon à la main. Petite, elle ne cessait de dessiner, dans ses cahiers de mathématiques, d'anglais, puis de philosophie. C'est tout naturellement qu'elle s'est tournée vers des études artistiques, aux Beaux Arts de Saint-Étienne, d'abord, puis à l'école Émile-Cohl. Elle illustre aujourd'hui de la bande dessinée (notamment la série *Téo* aux éditions Delcourt) et des histoires pour la jeunesse.

Pour toi, maman.
À tous nos souvenirs colorés
et notre indéniable amour.
A. de L.

Dépôt légal : octobre 2010
ISBN : 978-2-7470-3462-3
Loi 49-956 du 16 juillet 1949 sur les publications destinées à la jeunesse.

La Colère d'ange

Une histoire écrite par Agnès de Lestrade
illustrée par Tatiana Domas

bayard poche

1
La mauvaise nouvelle

– Je ne viens pas avec vous !

J'entortille rageusement un groupe de spaghettis autour de ma fourchette.

– Tu n'as pas le choix, Ange !

La voix de mon père claque, autoritaire et militaire.

– Mais j'en ai marre de déménager tout le temps ! Mettez-moi en pension. S'il vous plaît !

Je tente d'accrocher le regard de ma mère.

– Tu n'as pas envie de connaître l'Afrique ? risque-t-elle. Le Donkoussou[1] est un beau pays...

1. Pour des raisons politiques, l'auteur a préféré inventer un nom de pays.

Je m'en fiche, de l'Afrique. Je veux finir mon année de cinquième ici, avec Augustine. Et surtout avec Rémi. Rémi... rien que d'y penser, plein de papillons dansent dans mon ventre.

– Moi aussi, je reste ici avec Ange.

C'est Pia, ma petite sœur, qui s'en mêle. Le visage de papa se détend. Il sourit toujours quand c'est Pia qui parle. Moi, j'ai droit à son regard silex. Pour Pia, il n'y a que des pierres précieuses qui sortent de ses yeux.

Je repousse mes pâtes sur le bord de l'assiette et je quitte brusquement la table. Demain, il faudra commencer les cartons. Ranger ma vie dans des boîtes. Et surtout dire au revoir à mes amis.

Quinze jours plus tard, c'est fait. Empaqueté. Plié. Seul mon chagrin n'est pas rangé dans ma valise. Je le porte en bandoulière.

Mes yeux sont rouges à force de pleurer. Mon nez ressemble à une patate.

– Souris un peu, ma chérie, dit maman. Tu es plus jolie quand tu souris.

Je ne veux pas être jolie. Je veux être moche et que plus personne ne m'aime !

Par le hublot, j'imagine Rémi derrière la vitre de l'aéroport. Il attend que l'avion devienne un

petit point dans le ciel. Il me l'a promis : il restera jusqu'au départ. Avec Rémi, on s'est juré un tas de trucs. Comme s'écrire tous les jours et n'aimer personne d'autre. Comme s'envoyer des baisers papillon, chaque soir à vingt heures. Comme ne pas pleurer. Raté !

Quand l'avion décolle, je garde mes larmes en serrant très fort les yeux. J'ai juste l'impression qu'on me coupe en deux.

Je somnole tout le voyage. Parfois, Pia me tire par la manche :

– Ange, regarde les nuages !

J'aimerais avoir sa fraîcheur. M'émerveiller comme elle. Mais j'ai juste ma peine. Et il n'y a pas de place pour autre chose.

Le Donkoussou est situé au bord de l'océan Atlantique. En sortant de l'avion, j'ai l'impression qu'un géant me souffle son haleine dessus.

« Climat chaud et humide », a dit papa. Le temps de traverser le tarmac[1], je suis devenue liquide.

– Ça va, Ange ? demande maman en me touchant le bras.

Sa main est poisseuse. À moins que ce ne soit mon bras.

– Hum, hum !

Un chauffeur nous attend. Il s'appelle Kétou. Il est plus grand que mon père, qui doit lever la tête pour s'adresser à lui. Ça me fait rire.

La route qui mène de l'aéroport au camp militaire est bordée de petites bougies. Derrière chaque lumière, de grosses dames noires vendent des beignets, du poulet grillé, des cacahuètes. J'aperçois leurs boubous chatoyants au travers des loupiotes vacillantes. Pia s'est endormie contre moi. Depuis qu'il n'y a plus de nuages à regarder, elle a som-

1. Tarmac : voies de circulation et de stationnement des avions dans un aéroport.

bré dans le sommeil. J'aimerais m'endormir moi aussi. Et me réveiller à la fin de l'année, dans les bras de Rémi.

Nous empruntons le boulevard circulaire qui fait le tour de la ville. Pour la première fois, j'aperçois la mer. Des pirogues de pêcheurs dansent entre les vagues. De grands filets verts recouvrent l'eau.

Nous arrivons enfin. Le camp militaire est gardé par deux soldats en treillis qui braquent leurs fusils sur nous en criant : « Halte ! »

C'est la première fois de ma vie qu'on braque une arme sur moi ! Franchement, ce n'est pas rassurant. Je regarde maman et, sur son visage, je lis de l'étonnement. Un peu de peur aussi. Kétou stoppe la voiture et décline son identité. Les deux soldats ne sourient pas. Ils nous fixent de leurs yeux sombres et nous font signe de passer.

Bienvenue au Donkoussou…

La voiture s'engage sur un chemin de terre rouge. Nous pénétrons dans un grand parc arboré et la voiture s'arrête devant une immense maison blanche. Je reconnais les photos que papa nous a montrées en France. Pia ouvre les yeux et bondit comme un ressort. Elle court partout en criant :

– Ange ! Viens voir les chambres !

Elle désigne la plus grande :

– Je prends celle-là !

Mon père l'attrape par le bras :

– Pia, tu laisses d'abord choisir ta grande sœur !

Papa a le sens de la justice. Je lui souris. Entre nous, il y a parfois des trêves.

– Allez, chipie, je prends la plus petite. J'ai moins de bazar que toi, moi !

Pendant que Pia saute sur son lit, j'entreprends de visiter la maison. Il y a quatre chambres, un grand salon, une salle à manger, deux salles de bains, et une cuisine qui donne sur le jardin. Il y a aussi une terrasse, envahie de fleurs roses, qui fait le tour de la maison. Un vrai palace !

Ma chambre est petite, mais elle est située tout au bout de la maison, un peu à l'écart des autres pièces. J'aime l'idée d'être isolée et tranquille. Elle possède aussi un cabinet de toilette, rien que pour moi. La déco est chaleureuse. Les murs sont jaunes et un climatiseur est accroché en hauteur. J'appuie sur le bouton et le moteur se met à ronronner ; aussitôt un air frais et bienvenu envahit la pièce.

Ouf, je respire !

Je sors de mon sac une photo de Rémi et je la pose sur la petite table de chevet. Il est 20 heures. Je lui envoie mon premier baiser papillon. Ma vie en Afrique peut commencer.

2
L'arbre du voyageur

Mes parents nous ont inscrites, Pia et moi, à l'école française. Le matin, le chauffeur de mon père vient nous chercher et nous conduit à l'école. Il n'y a pratiquement que des Blancs. Une fille de ma classe propose de me faire visiter le lycée. Elle s'appelle Julia. Elle a un grand sourire rassurant.

– T'arrives d'où ?

– De Strasbourg.

– Ton père travaille dans quoi ?

– Il dirige l'école des officiers donkoussouais.

– T'habites dans le camp militaire, alors ?

Je réponds machinalement à ses questions. Comme si j'étais en pilotage automatique. À chaque déménagement, je me dis que c'est la dernière fois que je m'attache. Parce qu'il faudra partir. Et souffrir. Et puis la vie s'emballe et je n'y arrive pas. Mais cette fois c'est sûr. Ici, je n'aimerai personne.

J'ai recouvert les murs de ma chambre de photos. Augustine et moi sur les chevaux de bois, en Angleterre, à la piscine. Et puis Rémi sur son vélo. Rémi et moi, en Photomaton sous toutes les coutures. Et ma bande de potes de la caserne. Je sens encore l'odeur du goudron dans le parking où nous

nous réunissions en cachette. Tous ces souvenirs me réconfortent et m'égratignent le cœur. Je voudrais être ailleurs. Mes pensées sont à Strasbourg. Mais mon corps me retient prisonnière, ici, au Donkoussou.

Une seule chose me fait plaisir dans ce monde étranger. Marcher dans le parc. Les fleurs sont incroyables, leurs couleurs sont éclatantes et leur parfum m'enivre. Je cueille des fleurs de flamboyants et je les joins à mes lettres pour Rémi. J'espère que leur odeur ne se perdra pas en chemin.

Nous avons un jardinier et un cuisinier. Le cuisinier s'appelle Sékou. Il prépare nos repas et nous sert à table, comme si nous étions des gens supérieurs. J'ai du mal à m'y faire. Je ne suis pas une princesse. Je n'ai pas envie qu'on me serve. Ça donne l'impression de ne pas être égal aux autres. Moi, ce n'est pas du tout comme ça que je vois la vie. À la fin du repas, je ne peux pas m'empêcher de débarrasser la table. Mais je vois bien que Sékou est gêné. Alors j'arrête.

Le jardinier est jeune. Je pense qu'il a deux ans de plus que moi. Il s'appelle Nando. Il m'observe de loin quand je cueille des fleurs. Qu'est-ce qu'il pense de moi ? Que je suis une riche Blanche gâtée-pourrie ?

Je prends l'habitude de l'observer moi aussi. Ses cheveux sont noirs, longs et raides. Pas crépus comme ceux des Donkoussouais. Sa peau n'est

pas non plus d'un noir ébène. Elle a la couleur du chocolat. Sa silhouette est élancée, son dos est cambré. Comme dirait Augustine : « Il a un beau petit cul ! » Ses gestes sont gracieux et précis. Parfois, je vois ses lèvres remuer. Je crois bien qu'il parle aux fleurs.

J'ai trouvé un endroit où je me sens bien. Tout au fond du jardin, sous l'arbre du voyageur[1], loin de la maison. À l'abri des cris joyeux de ma petite sœur et du regard de mes parents. Cet arbre est mon refuge. Je l'ai choisi pour ses grandes feuilles en éventail. C'est là que je lis les lettres de Rémi, là que j'étudie mes cours. Que je rêve à ma vie d'avant.

Ce matin-là, une voix interrompt ma rêverie :

– Comment tu t'appelles, petite Blanche ?

C'est Nando. Il s'est approché sans bruit et il se tient devant moi. Il me regarde droit dans les

1. Arbre de voyageur : sorte de bananier.

yeux. Son regard est doux et fort à la fois. Il n'a pas l'air intimidé, ni soumis comme Sékou.

– Je m'appelle Ange.

– Je suis Nando.

– Oui, je sais. Nando, c'est un nom africain, ça ?

– Non, c'est chilien. Mon père est chilien et ma mère est d'ici.

– Sacré mélange !

Il rit.

– Toi, tu es française-française ?

– Exactement.

– Viens, je vais te montrer quelque chose.

Je suis Nando dans un coin ombragé du parc.

– Regarde, dit-il en se penchant au-dessus d'un trou.

Je me penche et je vois un gros lézard transparent avec plein de bébés autour.

– Ils viennent juste de naître, dit Nando.

– Ils sont craquants !

Je plonge ma main dans le trou, pour prendre un bébé.

Nando me retient :

– Ne fais pas ça, petite Blanche. Si sa mère sent ton odeur sur son petit, elle le tuera.

Je retire ma main brusquement. Comme si je m'étais brûlée.

Quand je relève la tête, je vois Nando qui me fixe intensément.

– Tu n'es pas du tout comme ta petite sœur !

– Comment ça ?

– Tu es toujours triste et seule.

C'est vrai que ça fait un sacré contraste avec Pia. Ma petite sœur a déjà invité au moins la moitié de sa classe à jouer dans le jardin.

Je n'ai pas tellement envie de raconter ma vie, mon amoureux en France, ni mon ras-le-bol de déménager tous les quatre matins. Alors je réponds :

– J'ai beaucoup de travail... à l'école, je veux dire...

– Je préfère ça, dit Nando en prenant son râteau.

– Bon, ben... j'y retourne. Merci pour les lézards.

Le soir au dîner, maman est excitée comme une puce. Elle parle de se faire coudre un boubou et d'avoir des nattes sur la tête. Je l'imagine en Africaine. Je suis prise d'un fou rire.

– Mais c'est seulement pour une soirée, ma chérie, dit maman.

– Une soirée chez des Donkoussouais ?

Là, c'est mon père qui rit.

– Mais non, Ange, voyons ! Entre coopérants[1].

1. Coopérant : spécialiste envoyé par son gouvernement pour aider un pays plus pauvre à se développer.

Je ne ris plus du tout. Tous ces blancs-becs vont se déguiser en Africains pour passer une soirée entre eux ? Je trouve ça nul ! À quoi ça sert de vivre dans un pays étranger si c'est pour rester entre nous ? Je croyais que mes parents étaient plus curieux que ça. Je suis dégoûtée. Je quitte la table et claque bruyamment la porte de ma chambre.

3
Le Parfum De la liBerté

Le lendemain, j'ai une lettre de Rémi. Et une grande carte d'Augustine. Je file avec mon courrier sous l'arbre du voyageur.

Les mots de Rémi sont doux. Ils me font pleurer. Mes larmes dévalent mes joues déjà humides. Je les relis pour pleurer encore. Je dois vider mon lac de chagrin.

La carte d'Augustine est signée par toute la classe. Même Estelle, mon ennemie jurée, a mis un mot : « Ça me manque de ne plus me disputer avec toi. » La distance efface tout. Sauf l'amour.

– Hé, petite Blanche ! Tu en veux ?

C'est Nando qui me tire de ma rêverie. Dans sa main tendue, il y a des petites amandes allongées.

– Ce sont des badames. Goûte, c'est excellent.

J'en prends une. Elle a un goût de noisette.

– Hum, délicieux.

– Elles viennent du badamier que tu vois là-bas.

Il tend le bras vers un arbre feuillu.

– C'est ton travail scolaire qui te fait pleurer comme ça ?

Sa voix est mélodieuse. Elle m'apaise.

– Tu sais, Rimbaud, c'est pas très gai !

– Pablo Neruda non plus !

– Pablo qui ?

– Pablo Neruda. Un poète chilien. Extraordinaire.

Nando part en courant vers la cahute qui lui sert à ranger les outils. Puis il revient avec un livre :

– C'est un hymne aux nations opprimées. Il savait de quoi il parlait, puisqu'il l'a écrit pendant la dictature au Chili.

Puis il croque dans une badame et crache la petite coquille noire.

– Lire, c'est penser, et penser, c'est déjà être libre. Tu savais que c'était une dictature ici ?

Je secoue la tête.

– Dans mon beau pays, celui qui prononce une seule parole contre le président est arrêté et jeté en prison. Ici on est libre à condition d'être toujours d'accord avec lui. Et, quand il mourra, son fils lui succédera. Tu parles d'une liberté !

– Et personne ne dit rien ?

Nando me regarde comme s'il voulait fouiller mon âme :

– Bien sûr que si ! Certains travaillent à renverser le président et son maudit régime. Mais ça, il vaut mieux ne pas en parler à ton père.

– Ils veulent mettre quoi à la place ?

– Un gouvernement démocratique.

– Démocratique ?

– Oui, où la parole de chacun serait libre, où les idées viendraient du peuple et non pas de quelques gros richous !

– La France, c'est une démocratie.

Nando sourit :

– Oui, si on veut. On peut toujours faire mieux, mais chez toi, à côté du Donkoussou, c'est le paradis !

Nando me fixe. Je baisse les yeux. Je ne veux pas croiser son regard. Comme si j'avais fait quelque chose de mal en l'écoutant. Trahi Rémi et mon père. Nando a perçu ma gêne. Il prend ma main et m'entraîne :

– Viens, petite Blanche, je vais t'apprendre à grimper aux arbres !

Je ris :

– J'arrive, grand Noir !

Il se plante devant un cocotier :

– Ne bouge pas et regarde.

En cinq secondes, il a atteint le haut de l'arbre, cueilli une noix de coco et glissé sur le sol. D'un geste sec, il tranche la noix de coco avec son coupe-coupe.

– Bois, dit-il en me tendant la noix de coco ouverte.

Le lait de coco est frais et légèrement sucré.

– À toi, maintenant !

J'agrippe le tronc rêche de l'arbre. Je tente de m'accrocher avec les pieds et de me hisser. Mais je retombe aussitôt. Nando est plié en deux, tellement il rit.

– Je vais te montrer.

Il prend mes mains et les pose dans les aspérités du tronc. Puis il me soulève dans ses bras et me hisse. Je fais deux petits mètres avant de retomber. Je suis ridicule et j'ai chaud. Mais je n'ai plus du tout envie de pleurer.

La Colère D'Ange

Le soir, au dîner, Pia demande :

– Ange, tu m'apprendras à monter en haut du cocotier ?

Je rougis.

– Tu grimpes aux arbres, maintenant ? s'étonne maman.

– Oui, elle monte aux arbres avec son nouvel amoureux, déclare Pia.

Elle m'agace, la morpionne ! Un repas de plus que je ne finirai pas.

Je me réfugie dans ma chambre et pose ma joue moite contre la photo de Rémi.

4
Amulettes et caméléon

Je commence à m'habituer à l'ambiance de l'école française. Les profs sont sympas, plus cool qu'en France. Il faut dire qu'on est seulement vingt élèves par classe.

Je suis devenue copine avec Julia. C'est une grande fille avec de longs cheveux blonds et des yeux bleu turquoise. Elle a plein de taches de rousseur sur les joues et, quand elle rit, ses dents ressemblent à des perles. Sa mère est française et son père allemand. Elle habite ici depuis qu'elle est née.

Un mercredi, elle m'invite chez elle. Kétou, le chauffeur de mon père, m'accompagne. Nous empruntons le boulevard circulaire. La rue est animée. C'est l'heure du déjeuner et les marmites des mamas sont remplies de frites d'igname et de cuisses de poulet au piment.

Soudain, juste avant d'arriver dans le quartier de Julia, des soldats nous arrêtent. Dans une langue à laquelle je ne comprends rien, ils s'adressent à Kétou. Tout en parlant, ils agitent leurs fusils comme si c'était de simples raquettes de tennis. Puis ils s'éloignent en riant. Kétou se gare sur le bas-côté et éteint le moteur. Je m'étonne :

– Mais qu'est-ce qui se passe, Kétou ?

– On ne peut pas repartir tout de suite, mademoiselle. Le boulevard circulaire va être fermé pour une heure.

Tout à coup, j'ai chaud. La sueur coule le long de mes tempes. J'essuie mon front.

– Une heure ? Mais pourquoi ?

– Le président rentre chez lui.

– Et alors ?

– Le boulevard circulaire doit être vide quand le président passe.

Ça alors, c'est la meilleure ! Je fouille dans mon sac. Pas la moindre bouteille d'eau. Je suis furieuse. Mais pour qui il se prend, celui-là, à me faire attendre comme ça ?

Au bout d'une heure, cinq motards passent devant nous à toute vitesse. Ils sont suivis par deux voitures officielles, toutes sirènes hurlantes. Puis, enfin, c'est la limousine du président. J'essaye d'apercevoir le visage de sa majesté, mais les vitres sont teintées. Je viens de perdre une heure.

Quand j'arrive chez Julia, je suis encore indignée. Elle éclate de rire :

– Le président, ici, c'est le roi !

Je pense à la France. Chez nous, un truc pareil serait impossible. J'imagine le périphérique bloqué pour le passage du président ! Vivre ici me fait réaliser plein de trucs. J'ai l'impression que mon esprit s'élargit. Je crois qu'en rentrant en France, je ne verrai plus la vie de la même façon.

Julia a une grande maison avec une piscine. On passe la journée à nager et à manger des beignets de banane. Je lui montre des photos de Rémi, elle me parle de son petit copain libanais, qui est le fils de l'ambassadeur. Elle me raconte les soirées à l'ambassade, c'est carrément une autre planète ! Puis elle propose qu'on aille au marché des gris-gris, juste à côté de chez elle.

C'est un grand marché avec plein de cahutes bariolées. Ça sent bon les épices et les bananes grillées. Tout en buvant du lait de coco, Julia m'explique que les gens achètent ici toutes sortes d'amulettes qui portent bonheur. Comme des lézards séchés, des bracelets en poils d'éléphant, des queues d'agouti. Elle sort de dessous son tee-shirt un collier en poils de je ne sais quoi.

– Tu vois, celui-là par exemple, il me protège des empoisonnements.

J'écarquille les yeux :

– Mais... Julia, qui voudrait t'empoisonner ?

– Personne, banane ! Je le porte pour le style !

Devant une cahute, un homme nous aborde. Il tient dans la main un caméléon. La bestiole a une peau carrément préhistorique et, de chaque côté de sa tête, deux yeux globuleux qui tourbillonnent. Tout à coup, elle sort une interminable langue jaune et happe une mouche, posée sur le mur d'en face.

– Ouah ! C'est génial !

– C'est 250 francs CFA[1], mademoiselle.

Je sors un billet de ma poche et l'homme pose la bête sur mon bras. Julia éclate de rire :

1. 250 francs CFA équivalent à peu près à 40 centimes d'euro.

– T'es encore plus dingue que moi ! Qu'est-ce que tu vas faire de ce machin gluant ?

– Je vais l'apprivoiser ! J'aime ce qui est moche et repoussant.

Quand Kétou vient me chercher, je suis de très bonne humeur. Je sens bon le soleil, j'ai une mine resplendissante et j'ai un ami repoussant que je surnomme Vertèbre.

Kétou me dépose à l'entrée du camp, à cinq cents mètres de la maison. Il a des courses à faire pour mon père. J'ai moins peur qu'au début et je commence à m'habituer aux regards ombrageux des soldats. Vertèbre sur l'épaule, je m'apprête à rejoindre la maison quand j'entends des hurlements. Ce ne sont pas des cris d'animaux. Ce sont des cris humains. Je me fige. Les cris proviennent d'un petit bureau installé dans une maison en bois, en bordure du chemin. Ils sont si stridents que je me bouche les oreilles. Mon cœur s'emballe, mes

jambes sont incapables de bouger. Je reste devant la porte à écouter ce cri qui n'en finit pas. Jusqu'à ce qu'un militaire me tire de ma torpeur. Je le reconnais, il travaille avec mon père.

– Ne reste pas là, petite ! Rentre chez toi !

Il me pousse vers la maison.

Dans ma tête, c'est devenu épais comme du ciment. Mes pensées refusent de croire ce que j'ai entendu. Ce cri était trop horrible. Une seule question traverse le brouillard de mon cerveau : « Est-ce qu'on torture quelqu'un ? » Je me souviens des paroles de Nando : celui qui prononce une seule parole contre le président est jeté en prison...

Est-ce le cas ?

5
Nando a disparu

Cette nuit-là, je n'arrive pas à dormir. Je me retourne dans mon lit et, dès que je ferme les yeux, j'entends des cris.

Le lendemain matin, au petit déjeuner, en buvant mon jus d'orange, servi par Sékou, j'interroge mon père. Je lui parle des hurlements et je lui demande s'il est au courant. Il jette un œil rapide vers la cuisine où Sékou fait griller le pain. Puis il chuchote :

– On ne doit pas parler de ça, Ange. Ça ne nous regarde pas. N'oublie pas qu'on n'est pas chez nous ici.

Mes rapports avec mon père ne sont pas au top, c'est vrai. Mais, malgré nos conflits, j'ai toujours apprécié son honnêteté et son sens de la justice. Tout d'un coup, je le trouve lâche et trouillard. Pour la première fois, j'ai honte de mon père.

Comme pour changer de sujet, soudain, il dit :

– Tu n'as pas vu Nando ce matin ? Il n'est pas venu travailler.

C'est vrai, je n'ai pas vu Nando. D'habitude, il arrive vers six heures. J'ai pris l'habitude d'aller lui dire bonjour avant de petit-déjeuner. Il est peut-être malade.

Mais le lendemain Nando ne vient pas non plus.

– Appelle chez lui, dis-je à mon père.

– Il n'a pas le téléphone.

Assise sous l'arbre du voyageur, je pense à Rémi. Mais tout à coup son visage change. Il devient noir. Le visage de Nando remplace celui de

Rémi. Ses bras me soulèvent et me hissent sur le cocotier. Je secoue la tête comme pour sortir d'un cauchemar.

Ça fait quatre jours que Nando n'est pas venu travailler. Au début, j'essayais de ne pas y penser. Dès que son visage apparaissait dans ma tête, je le chassais. Et puis je me suis mise à ne penser qu'à ça. Et s'il était très malade ? Et s'il mourait ? Au Donkoussou, la médecine n'est pas la même que chez nous. Ici, on peut mourir d'une simple gastro.

Je vais dans le petit bureau de mon père et je fouille dans ses papiers. Jusqu'à ce que je trouve l'adresse de Nando.

– Maman, je vais chez Julia.

J'attrape mon sac et je sors du camp militaire. J'arrête un taxi. Un vieux tacot freine devant moi. Je montre l'adresse de Nando au chauffeur.

– Ouh, là, là, mais c'est de l'autre côté de la lagune ! Et c'est pas un quartier pour les petites demoiselles comme vous.

Je ne lui demande pas son avis. Je grimpe dans son taxi et je lui dis :

– Go !

Plus on s'approche du quartier de Nando, plus la route est cabossée. Les roues du taxi butent sur des ornières et je fais de grands bonds sur les ressorts cassés de la banquette arrière.

Devant les maisons en terre, les enfants courent pieds nus après les poules. Soudain, le taxi s'arrête net :

– C'est là. Ça vous fait 350 francs CFA.

Je tends un billet et m'engouffre dans une ruelle sombre.

Aussitôt, un groupe d'enfants m'entoure. Ils tendent tous la main vers moi.

– Yovo, yovo !

Certains touchent ma jupe, d'autres tentent d'atteindre mes cheveux. Une femme sort d'une bicoque :

– Vous cherchez quoi ?

– Nando. Nando Bwenabé.

– Ah ! fait la femme en me faisant signe de la suivre.

À quelques maisons de là, elle appelle :

– Salima ! Omeso Nando.

Une femme, une grappe d'enfants accrochés à ses jambes, surgit de la pénombre. Je reconnais la mère de Nando sans jamais l'avoir vue. Elle a exactement les mêmes yeux que lui. Et sa peau couleur chocolat.

– Petite Blanche ? me demande-t-elle.

« Ça se voit autant que ça ? » je pense avec ironie.

– Nando, dit-elle en me tirant par le bras.

J'entre dans l'unique pièce de la maison. Le sol est en terre battue. Il y a une table au milieu et des matelas partout autour. Allongé sur l'un deux, je vois Nando. Ses yeux sont fermés. Son visage est gonflé, comme s'il avait été battu.

Je m'approche doucement :

– Nando ?

Je pose ma main sur la sienne. Il bouge et entrouvre les yeux :

– Petite Blanche ? Tu es venue...

– Qu'est-ce qui t'est arrivé, Nando ?

– Une bagarre.

Je ne peux pas imaginer Nando, l'amoureux de Pablo Neruda, en train de se battre.

– Tu t'es battu, toi ?

Nando ferme les yeux. Pendant un instant, je pense qu'il s'est rendormi. Mais non.

– Mon pays est comme la fleur du flamboyant. Magnifique. Mais, quand on la cueille, elle se fane et elle meurt. Je te l'ai dit, c'est une dictature ici. Le président du Donkoussou est en train de nous

faire plier. Il veut que nous obéissions à ses ordres débiles. Et nous, on refuse. C'est aussi simple que ça. On est prêts à se battre. Jusqu'à la mort.

– Qui ça, nous ?

– Les rebelles flamboyants. C'est notre nom. Poétique, non ?

Nando essaie de sourire.

– Cette fleur est notre symbole. Nous voulons libérer notre pays des dictateurs. Nous voulons redonner le pouvoir au peuple. Tu comprends ?

C'est abstrait pour moi. C'est bien loin de ma vie protégée de petite Française. C'est comme si j'avais atterri sur une autre planète. Ce que je comprends surtout, c'est que Nando est blessé.

– Je peux faire quelque chose ?

– Rentre chez toi et, surtout, ne dis à personne que tu es venue. Je reviendrai travailler dans trois jours.

Je touche délicatement son visage tuméfié.

6
Choisir son camp

Le retour en taxi se passe dans une brume épaisse. Dans ma tête, tout se mélange. Les flamboyants, Nando, et les bleus sur son visage.

Le soir, au dîner, mon cœur bat à cent à l'heure. Je dois questionner mon père. Je dois savoir de quel côté il est. Je respire un grand coup et je me lance :

– Papa, tu connais le président du Donkoussou ?

– Bien sûr, dit mon père.

Mon sang ne fait qu'un tour. Ma respiration s'accélère. Je sens la transpiration couler dans mon dos.

– Et tu sais que c'est un dictateur ?

Ma voix vient de grimper dans les aigus. Je ne sais plus très bien ce que je fais. Ma vue se brouille. Je suis debout et je hurle :

– Papa ! Tu travailles pour un... dictateur qui enferme tous ceux qui ne pensent pas comme lui ! Comment tu peux faire un truc pareil ?

Mon père me fixe de ses yeux bleu marine. Il est devenu tout rouge. Il jette des regards à la porte d'entrée. Puis, d'une voix sévère, il m'ordonne de me taire. Il serre la mâchoire et ses sourcils penchent dangereusement vers le bas. Mais je continue sur ma lancée :

– Tu es un lâche ! Et ton président de malheur est un...

Je n'ai pas le temps de voir sa main se déplacer vers mon visage. La gifle rebondit sur ma joue et me vrille les tympans.

Je crie :

– Je te déteste ! Je te déteste !

Je me réfugie dans ma chambre. Je tape sur mon bureau, renverse mes cahiers, griffe les murs. C'est comme si mon père avait lui-même frappé Nando. Comment lui pardonner d'être du mauvais côté ?

Soudain, j'ai l'impression d'être sale parce que je suis sa fille.

Ce soir-là, pour la première fois, Rémi ne recevra pas son baiser papillon.

Un peu plus tard, dans la soirée, mon père entre dans ma chambre. Je fais semblant de dormir. Il s'assied sur mon lit et me prend la main :

– Ange, je sais très bien que tu ne dors pas.

Il caresse mes cheveux.

– Ange, il faut que tu comprennes. Je suis en mission ici. Je travaille pour le président du Donkoussou. S'il entend dire que ma propre fille le traite de dictateur, c'est le rapatriement immédiat.

J'ouvre les yeux et je crie :

– Mais personne n'a entendu ce que j'ai dit !

– Nous ne sommes pas en France, Ange. Ici, il y a des espions et des résistants partout. Ça peut être aussi bien Sékou, Kétou ou Nando...

Je repense à Nando, allongé dans son lit, le visage plein d'hématomes.

– Tu as compris, Ange ? Je compte sur toi.

Il soulève mon menton et me regarde droit dans les yeux :

– Promis ?

Je n'ai pas le choix.

– Promis, dis-je d'une voix lasse.

7
Nando, le rebelle

Cette nuit, je fais des cauchemars. Je ne suis plus blanche mais noire et je suis poursuivie par Rémi.

Je compte les jours jusqu'au retour de Nando. Assise sous l'arbre du voyageur, je n'ai pas envie d'écrire à Rémi. Ni à Augustine. Ce que j'ai dans le cœur est flou.

Les mots doux de Rémi sont devenus trop sucrés. Ses déclarations d'amour me donnent mal au cœur. Ce matin, j'ai rangé sa photo dans un tiroir.

– Pourquoi tu pleures, Ange ?

Pia me tend un jus d'orange « maison », comme elle dit. Quand elle n'est pas une vraie morpionne, ma petite sœur est une bonne consolatrice. Elle trouve toujours les mots pour me faire rire.

– Regarde, je sais grimper au cocotier !

Et c'est vrai. En cinq secondes, elle est en haut. Elle me crie :

– Tu vois, je suis africaine maintenant.

J'essaie de noyer mon chagrin dans le travail. De me consoler avec Rimbaud. Il y a maintenant une semaine que Nando aurait dû revenir. Ce soir, en m'endormant, je me promets de retourner chez lui. Demain, je manquerai les cours et j'irai de l'autre côté de la lagune.

Un bruit. Tout contre mon oreille. Une voix, douce et mélodieuse. Celle de Nando. Il est dans mon rêve. Je voudrais ne jamais me réveiller.

– Hé ! Petite Blanche !

J'ouvre les yeux et je le vois. Il est là, derrière la vitre. Il me sourit.

– Nando !

Je bondis de mon lit et j'ouvre la fenêtre. Je prends son visage entre mes mains. Je sens quelque chose dans mon ventre. Les papillons. Ils volent dans tous les sens.

Nando enjambe la fenêtre et me regarde intensément :

– Ange, peux-tu me cacher, cette nuit ?

Je ne demande pas pourquoi ni comment. Je dis oui. Je tire le matelas de sous mon lit et je l'installe au milieu de ma chambre. Je sors un drap propre de l'armoire. Et je murmure :

– Nando, bienvenue chez moi !

Je suis réveillée par le soleil qui entre dans la chambre. Nando dort encore. Je n'ai pas peur. Mes parents n'entrent jamais sans frapper. Quant à Pia, le matin, elle est scotchée devant les dessins animés.

– Nando…

Je touche son bras.

Il sursaute et se lève d'un bond :

– Quoi ? C'est la police ?

Nando est monté sur un ressort. Il veut quitter la maison tout de suite.

– Je suis recherché par la police, Ange !

– Je m'en doute. Mais tu peux rester là, Nando.

– Quoi ? Ici, dans ta chambre ? T'es folle !

– Personne ne vient jamais dans ma chambre.

Je rougis en repensant à la pièce unique dans laquelle Nando s'entasse avec sa famille.

– Tu es sûre ?

– Tu as même un petit cabinet de toilette derrière cette porte.

Je reviens un peu plus tard avec du café et des tartines.

– T'es une championne, petite Blanche, dit Nando.

– Sois sage. Ne bouge pas. Je serai là en fin d'après-midi.

Nando s'approche doucement. Sa bouche se penche sur ma joue et il pose un baiser timide au coin de mes lèvres :

– Merci, Ange.

Je le regarde intensément comme pour fixer son visage. Ses beaux yeux couleur coquille de badame et sa peau chocolat. Puis je file rejoindre la voiture.

Kétou nous attend, Pia et moi, dans le jardin. Il fume une cigarette. Je trouve que, ce matin, il me regarde bizarrement. Je me fais des idées, sans doute.

Nous grimpons dans la voiture, direction l'école française.

Sur la route, je chantonne. Ce soir, je retrouverai Nando.

8
L'amour tagué

Le cours de maths me semble éternel. La géo n'en finit pas. Et, en français, Rimbaud n'arrive pas à capter mon attention. Je ne pense qu'à Nando. Je n'en reviens pas. Non seulement je cache un rebelle, mais en plus je désobéis à mon père. Je repense à ses paroles graves : « Rapatriement immédiat. » Il y a encore une semaine, j'aurais sauté de joie à l'idée de quitter le Donkoussou. Maintenant, j'en tomberais malade.

Soudain, au beau milieu du cours de français, le directeur entre dans notre classe. Il a un air soucieux. Il murmure quelque chose à l'oreille de la prof. Aussitôt, elle me fixe :

– Ange, prends tes affaires et rejoins la vie scolaire.

Tous les yeux sont posés sur moi. Que se passe-t-il ? Il est arrivé quelque chose à mon père ?

À la vie scolaire, je retrouve ma petite sœur.

– Qu'est-ce qui se passe ici ?

Mes yeux vont de la CPE au directeur.

– Une voiture vous attend dehors.

Le directeur baisse la tête.

– Je suis désolé, dit-il en nous poussant vers la sortie.

Devant l'école française, une voiture officielle est stationnée. À l'intérieur, j'aperçois mes parents.

Je n'ai pas droit à un regard. Le visage de mon père a perdu toutes ses couleurs. La bouche de ma mère est pincée. On dirait qu'elle va pleurer. Pia éclate en sanglots. Elle se serre contre eux.

La voiture démarre. Elle s'engage sur le boulevard circulaire et tourne à droite. Je reconnais la direction de l'aéroport.

Sur la route bordée de petites boutiques, les mamas, dans leurs boubous chatoyants, vendent du poulet grillé. Recroquevillée sur moi-même, j'ose à peine respirer. Je voudrais disparaître dans un trou.

La voiture se gare devant l'aéroport. Mes parents en descendent les premiers. Ils attrapent les valises, saluent le chauffeur ; Kétou a un drôle de petit sourire en coin. Un sourire de traître. Ma mère me tend ma grande valise verte.

Je comprends que je ne reverrai pas la maison, ni Vertèbre, ni les flamboyants. Je comprends surtout que je ne reverrai pas Nando.

Mes yeux sont secs. Ma respiration bizarrement calme. Sur le grand mur qui longe l'aéroport, je viens de voir une inscription écrite à la peinture noire (chez nous, on appelle ça un tag) :

« Tu es ma flamboyelle. N. »

Quand l'avion quitte l'aéroport de Gonka, je ne pleure pas. Nando est libre, je le sais. Son mot sur le mur en est le signe. Finalement, c'est tout ce qui compte.

J'ouvre mon sac et je sors le livre de Pablo Neruda que Nando m'a offert.

Nando, c'est sûr : plus tard, je reviendrai, et je te retrouverai !

L'avion vole maintenant au-dessus des nuages. Ma main se pose sur ma bouche. Je ferme les yeux et j'envoie à Nando un baiser papillon.

Dans la collection J'aime lire Plus

1. La loi du plus fort
2. Défi d'enfer
3. Train de nuit
4. La honte de Takao
5. Simon, l'ami de l'ombre
6. L'équipe des Bras cassés
7. Une famille treize étrange
8. Berthus, agent secret
9. La dent de l'ours
10. Berthus à la rescousse !
11. La fugue
12. Tu me cherches ?
13. Ça grouille de grenouilles !
14. La cité labyrinthe
15. Berthus met les pieds dans le plat !
16. Les treize et une nuits
17. Panne de cœur
18. Entre, petit frère...
19. C'est pas la fin du monde !
20. La colère d'Ange

Achevé d'imprimé en mai 2010 par Pollina S.A.
85400 LUÇON - N° Impression : L53470B
Imprimé en France